사이언스 리더스
북극곰을 지켜라!

로라 마시 지음 | 송지혜 옮김

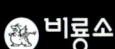

로라 마시 지음 | 20년 넘게 어린이책 출판사에서 기획 편집자, 작가로 일했다. 내셔널지오그래픽 키즈의 「사이언스 리더스」 시리즈 가운데 30권이 넘는 책을 썼다. 호기심이 많아 일을 하면서 책 속에서 새로운 것을 발견하는 순간을 가장 좋아한다.

송지혜 옮김 | 부산대학교에서 분자생물학을 전공하고, 고려대학교 대학원에서 과학언론학으로 석사 학위를 받았다. 현재 어린이를 위한 과학책을 쓰고 옮기고 있다.

이 책은 세계자연기금(WWF) 캐나다 지부의 제프 요크가 감수하였습니다.

내셔널지오그래픽 키즈 사이언스 리더스
LEVEL 1 북극곰을 지켜라!

1판 1쇄 찍음 2025년 10월 20일 1판 1쇄 펴냄 2025년 11월 14일
지은이 로라 마시 옮긴이 송지혜 펴낸이 박상희 편집장 전지선 편집 최유진 디자인 김연화
펴낸곳 (주)비룡소 출판등록 1994.3.17.(제16-849호) 주소 06027 서울시 강남구 도산대로1길 62 강남출판문화센터 4층
전화 02)515-2000 팩스 02)515-2007 홈페이지 www.bir.co.kr 제품명 어린이용 반양장 도서 제조자명 (주)비룡소
제조국명 대한민국 사용연령 3세 이상 ISBN 978-89-491-6941-5 74580 / ISBN 978-89-491-6900-2 74400 (세트)

NATIONAL GEOGRAPHIC KIDS READERS LEVEL 1
POLAR BEARS by Laura Marsh
Copyright © 2013 National Geographic Partners, LLC.
Korean Edition Copyright © 2025 National Geographic Partners, LLC.
All rights reserved.
NATIONAL GEOGRAPHIC and Yellow Border Design are trademarks of
the National Geographic Society, used under license.
이 책의 한국어판 저작권은 National Geographic Partners, LLC.에 있으며, (주)비룡소에서 번역하여 출간하였습니다.
저작권법에 의해 한국 내에서 보호를 받는 저작물이므로 무단 전재와 무단 복제를 금합니다.

사진 저작권 Cover, Klein-Hubert/Kimball Stock; 1, Judith Conning/National Geographic My Shot; 2, Steven Kazlowski/naturepl.com; 4, Ralph Lee Hopkins/National Geographic Creative/Getty Images; 6, Hemis/Alamy; 7, Siddhardha Gargie/National Geographic My Shot; 8, Steven Kazlowski/naturepl.com; 9, Steven Kazlowski/naturepl.com; 10, Michael Weber/SuperStock; 12, ZSSD/Minden Pictures/Corbis; 14, SuperStock; 15, Flip Nicklin/National Geographic Stock; 16, Alaska Stock/Corbis; 16-17, Richard Ress/National Geographic My Shot; 18, Matthias Breiter/Minden Pictures; 20, Rolf Hicker Photography/Alamy; 22 (UP), gary718/Shutterstock; 22 (CTR), Matt Propert/National Geographic Stock; 22 (LO), Christopher Drake/National Geographic My Shot; 23 (UPLE), EcoStock/Shutterstock; 23 (UPRT), Flip Nicklin/Minden Pictures; 23 (LOLE), primopiano/Shutterstock; 23 (LORT), John Conrad/Corbis; 24, Jenny E. Ross/Corbis; 25, Matthias Breiter/Minden Pictures; 26, T.J. Rich/naturepl.com; 28 (UP), Daniel J Cox/Getty Images; 28 (LO), AFP/Getty Images; 29, Linda Drake/National Geographic My Shot; 30 (UP), Ralph Lee Hopkins/National Geographic Creative/Getty Images; 30 (LO), Jenny E. Ross/Corbis; 31 (UP), Sergey Rusakov/Shutterstock; 31 (CTR), Matt Propert/National Geographic Stock; 31 (LO), Pradeep Chitta/National Geographic My Shot; 32 (UPLE), Fedorov Oleksiy/Shutterstock; 32 (UPRT), Steven Kazlowski/naturepl.com; 32 (LOLE), Michael Weber/SuperStock; 32 (LORT), Richard Ress/National Geographic My Shot; header, Nebojsa S/Shutterstock

이 책의 차례

이 동물을 맞혀 봐! 4

북극의 주인은 바로 나! 6

커다랗고 힘센 발 10

북극 바다로 첨벙! 12

킁킁, 오늘의 저녁밥은? 14

마을에 나타난 북극곰 20

북극곰에 관한 7가지 놀라운 사실 22

새끼 북극곰아, 반가워! 24

신나게 놀아 볼까? 28

실력 쑥쑥! 빈칸 퀴즈 30

이 용어는 꼭 기억해! 32

이 동물을 맞혀 봐!

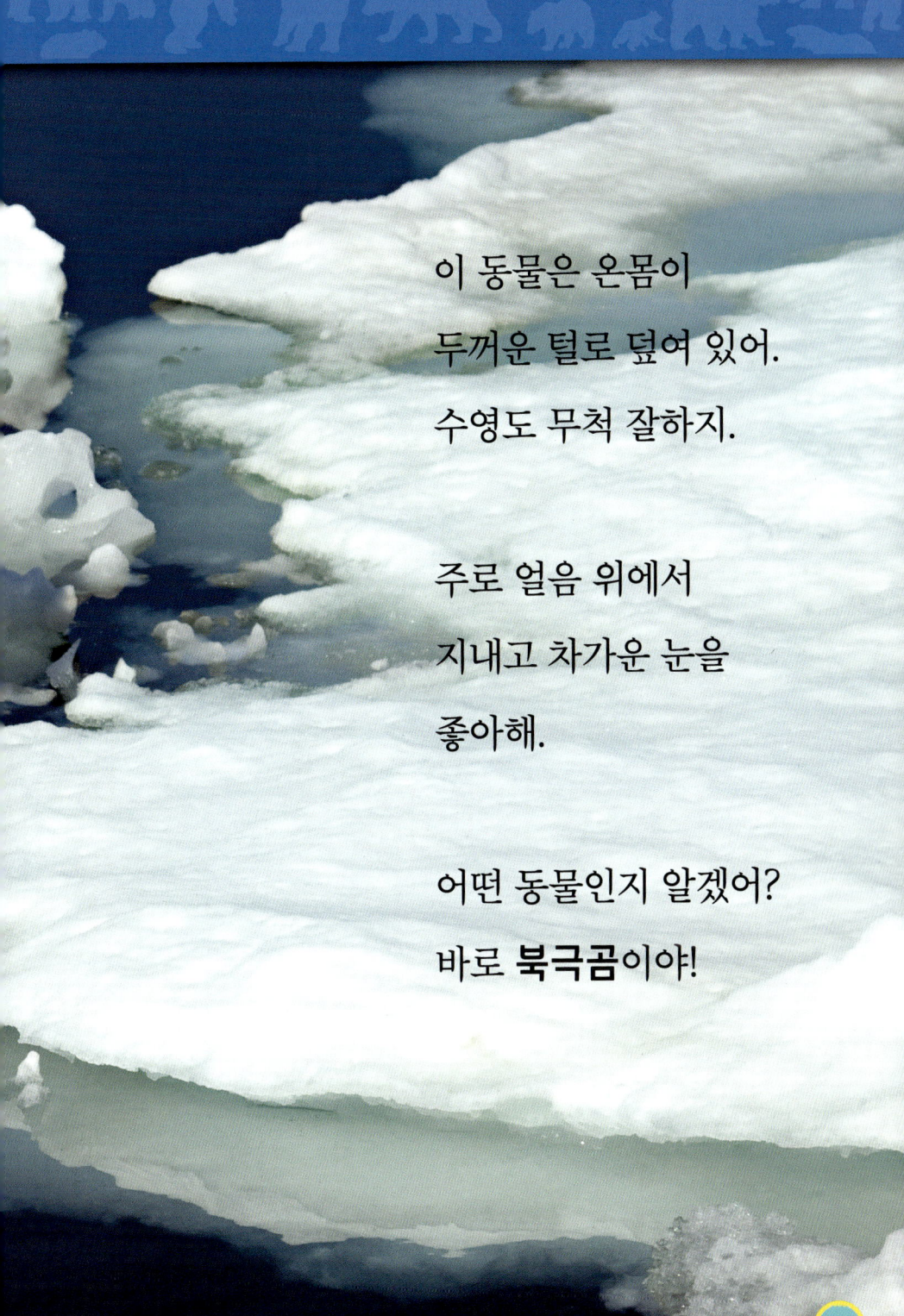

이 동물은 온몸이
두꺼운 털로 덮여 있어.
수영도 무척 잘하지.

주로 얼음 위에서
지내고 차가운 눈을
좋아해.

어떤 동물인지 알겠어?
바로 **북극곰**이야!

북극의 주인은 바로 나!

북극곰은 눈과 얼음으로 뒤덮인 **북극**에 살아.
몸집은 어마어마하게 크지. 얼마나 크냐고?

북극곰은 땅에서 사는 **육식 동물** 가운데
몸집이 가장 커. 어떤 수컷 북극곰 한 마리는
무려 어른 열 명을 합친 것만큼 무겁대!

북극곰 용어 풀이

북극: 지구의 가장 북쪽에 있는 아주 추운 지역.

육식 동물: 동물의 고기를 먹고 사는 동물.

수컷 북극곰은 두 발로 섰을 때의 키가 3미터까지도 자라. 몸무게는 최대 800킬로그램까지 나가지.

북극곰의 몸은 추운 북극에 살기에 알맞아.

북극곰은 털이 아주 두꺼워서 북극의 차가운 바람을 거뜬히 막아 줘. 피부 아래에 있는 두툼한 **지방층**은 북극곰의 몸을 늘 따뜻하게 해 주지.

북극곰은 귀가 아주 작고, 안쪽까지 털로 덮여 있어. 덕분에 몸속의 열이 귀에서 빠져나가지 않아서 몸을 따뜻하게 유지할 수 있지.

Q 곰이 고민할 때 내는 소리는? **A** 끙끙

북극곰 용어 풀이

지방층: 피부 아래에 있는 지방으로 이루어진 층.

커다랗고 힘센 발

갈고리처럼 길게 휜 두꺼운 발톱으로 먹이를 단번에 붙잡아.

두툼한 발바닥은 발을 따뜻하게 해 줘.

앞발에 물갈퀴가 있어서 잘 헤엄칠 수 있지.

발바닥에 난 작은 혹들 덕분에 얼음 위에서 미끄러지지 않아.

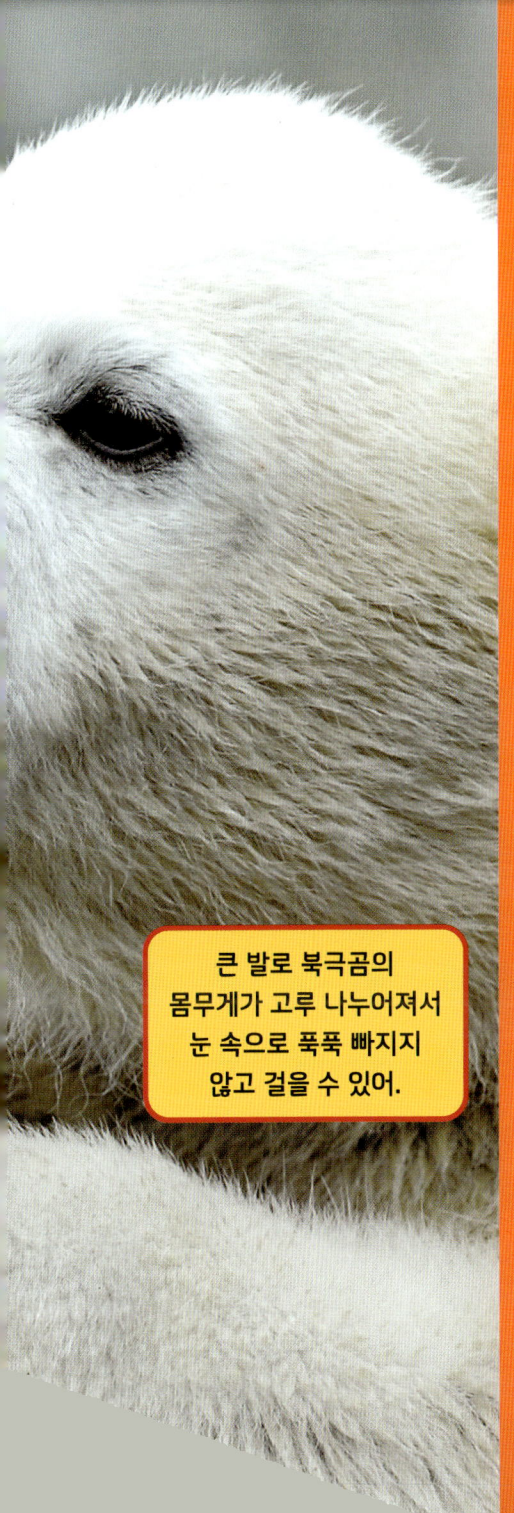

북극곰은 네발로 많은 일을 해. 눈을 깊게 파서 굴을 만들기도 하고, 단단한 얼음을 깨서 먹이를 찾기도 하지. 또 물속에 있는 먹이도 낚아챌 수 있어.

큰 발로 북극곰의 몸무게가 고루 나누어져서 눈 속으로 푹푹 빠지지 않고 걸을 수 있어.

북극곰 용어 풀이

물갈퀴: 오리, 개구리 등 물에서 헤엄치는 동물의 발가락 사이에 있는 엷은 막.

북극 바다로 첨벙!

북극곰은 헤엄을 아주 잘 쳐. 많은 시간을 물속에서 보내지.

앞발로는 힘차게 물살을 헤치고, 뒷발로는 나아갈 방향을 잡아. 두툼한 지방층 덕분에 물에 쉽게 뜰 수도 있어.

많은 곰 중에서도 특히 북극곰이 오래 그리고 멀리 수영할 수 있어. 9일 내내 쉬지 않고 약 680킬로미터를 헤엄친 북극곰도 있대!

킁킁, 오늘의 저녁밥은?

북극곰은 다른 동물을 잡아먹는 육식 동물이야. 가장 좋아하는 **사냥감**은 바다표범이지. 흠, 맛있는 바다표범이 어디 있는지 볼까?

북극곰 용어 풀이

사냥감: 동물 등이 사냥하여 잡아먹으려고 하는 대상.

Q 갈 때마다 슬퍼지는 바다는? **A** 곡哭바다

바다표범은 숨을 쉴 때 얼음 구멍으로 얼굴을 내밀어. 그때까지 북극곰은 얼음 위에서 기다리고 또 기다리지. 그러다 바다표범이 얼음 구멍으로 올라오면 재빠르게 낚아채!

> 바다표범은 북극곰처럼 수영을 잘하지만 물속에서 숨을 쉴 수 없어. 그래서 종종 얼음 구멍으로 나와 참았던 숨을 몰아쉬지.

북극곰은 냄새도 아주 잘 맡아. 무려 32킬로미터 떨어진 곳에 있는 사냥감의 냄새도 맡을 수 있어.

킁킁, 어디 맛 좋은 사냥감이 있나.

북극곰은 소리도 잘 들어. 눈도 꽤 좋지. 그래서 온통 눈으로 뒤덮인 북극에서도 흰 북극여우를 쉽게 찾을 수 있단다!

봄이 찾아오면 북극의 얼음은 녹기 시작해. 북극곰은 최대한 얼음 위에 머무르다가 얼음이 너무 작아지면 하는 수 없이 바닷가로 걸어 나오지.

북극곰은 땅에서는 거의 먹지 않아. 북극곰이 먹을 만한 게 거의 없거든. 가끔 새알이나 식물, 열매를 먹는 북극곰이 있기는 해.

Q 곰이 다니는 목욕탕은? **A** 욕문

따뜻한 봄과 여름은 북극곰에게 힘든 계절이야.

마을에 나타난 북극곰

Q 북극의 왕이 사는 곳은? **A** 유는놈

캐나다의 처칠 마을에는 가을마다 북극곰이 나타나. 해마다 얼음이 일찍 녹고 늦게 얼면서 배고픈 북극곰이 먹이를 찾으러 사람이 사는 마을까지 찾아오는 거야.

지구가 따뜻해지면서 북극의 얼음이 점점 줄고 있어. 북극곰에게는 아주 위험한 일이야. 북극곰은 얼음 위에서 사냥하며 사는 동물이니까.

7 북극곰에 관한 가지 놀라운 사실

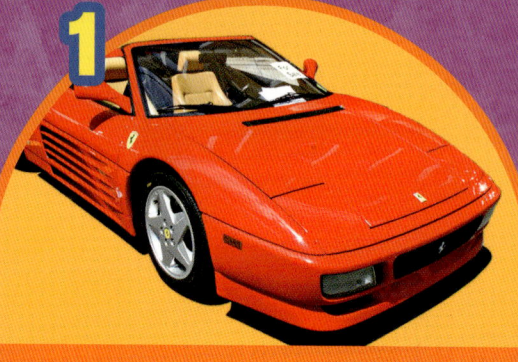

1 지금까지 가장 몸집이 큰 북극곰은 몸무게가 약 1000킬로그램이었대. 작은 스포츠카 한 대만큼 무거운 거야!

2 북극곰의 털 아래 피부는 검은색이야!

3 북극곰은 더우면 물속을 헤엄치거나 눈 위를 구른대.

4

북극곰도 바다코끼리한테는 쉽게 덤비지 못해. 몸집이 자기만큼 크거든.

5

사람들은 북극곰을 보러 북극 여행을 떠나기도 해. 트럭처럼 생긴 안전한 차를 타고 북극곰을 만나지.

6

북극곰은 한 번에 45킬로그램의 바다표범 지방을 먹을 수 있어. 햄버거 400개와 비슷한 무게야!

7

북극곰은 눈에다 몸을 비비면서 털을 깨끗이 씻어. 이야, 개운하겠다!

새끼 북극곰아, 반가워!

저것 봐! 북극곰 새끼가 태어났어. 어미는 눈을 파서 굴을 만들어. 그리고 따뜻하고 안전한 굴속에서 새끼를 돌보지.

갓 태어난 북극곰 새끼는 몸무게가 1킬로그램도 안 돼.

북극곰 새끼는 영양분이 많은 어미젖을 먹고 쑥쑥 자라. 태어난 지 한 달이면 눈을 뜨고, 두 달쯤 되면 걷기 시작해.

어미는 새끼에게 사냥하는 법을 가르쳐 줘.
또 추위와 다른 동물들로부터 안전하게 지내는 법도 알려 주지.

Q 세상에서 가장 비싼 눈은? | 믄곡 A

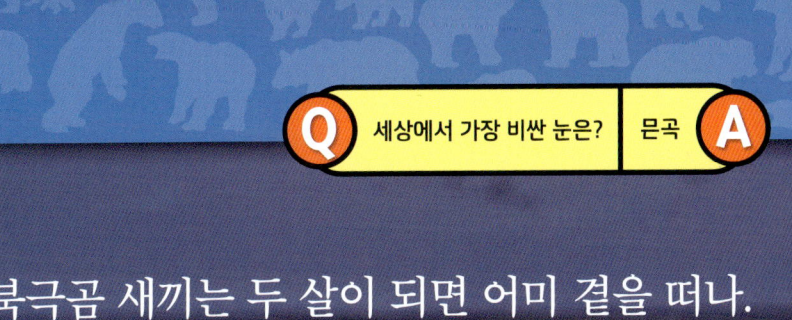

북극곰 새끼는 두 살이 되면 어미 곁을 떠나.

혼자 씩씩하게 살아갈 준비를 마쳤거든.

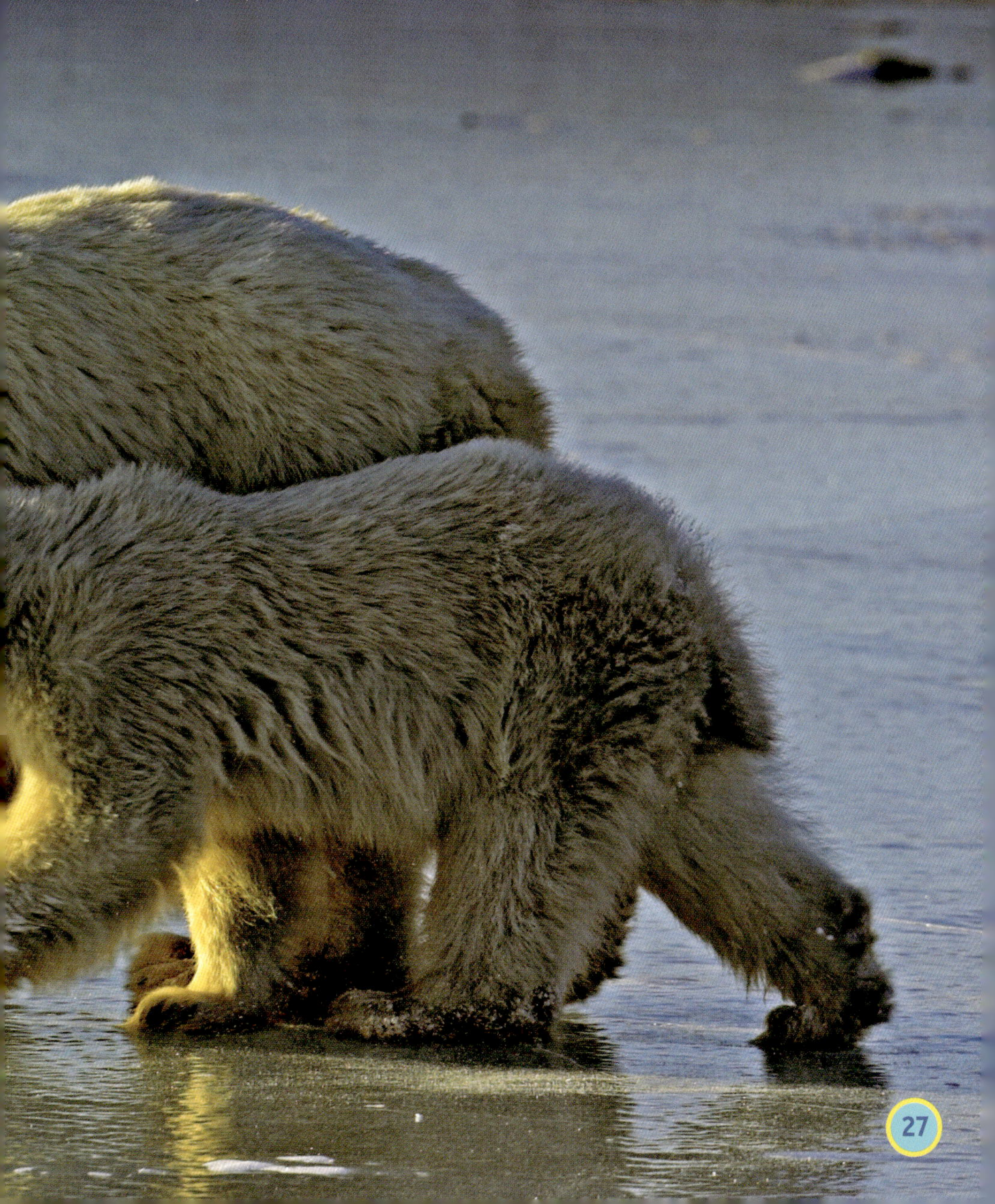

신나게 놀아 볼까?

북극곰은 쉴 때 보통 홀로 있지만, 다른 북극곰과 어울려 놀기도 해.

서로 힘겨루기를 하거나 장난치며 놀지. 눈 위를 미끄러져 내려가기도 해. 야호!

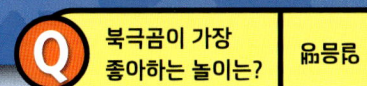
Q 북극곰이 가장 좋아하는 놀이는?
A 등목마

어미가 새끼를 등에 태우고 놀아 줄 때도 있어. 든든한 어미와 함께 모험을 떠나 볼까?

실력 쑥쑥! 빈칸 퀴즈

사진 옆의 설명을 읽고 오른쪽 위의 '단어 상자'에서 어울리는 말을 찾아 빈칸에 써 봐! 정답은 31쪽 아래에 있어.

1

북극곰은 추운 ☐☐ 에 사는 동물이야.

2

어미 북극곰은 ☐ 을 파고 그 안에서 새끼를 돌봐.

단어 상자

굴, 사냥감, 털, 북극, 혹

3

바다표범은 북극곰이 가장 좋아하는 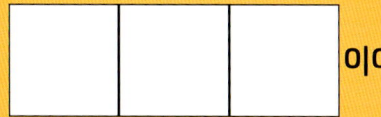 이야.

4

북극곰의 ☐ 은 두꺼워서 찬 바람을 잘 막아 줘.

5

북극곰은 발바닥에 ☐ 이 나 있어서 얼음 위에서 미끄러지지 않아.

북극
지구의 가장 북쪽에 있는 아주 추운 지역.

지방층
피부 아래에 있는 지방으로 이루어진 층.

이 용어는 꼭 기억해!

물갈퀴
오리, 개구리 등 물에서 헤엄치는 동물의 발가락 사이에 있는 얇은 막.

사냥감
동물 등이 사냥하여 잡아먹으려고 하는 대상.